Es la Hora de Estar Listo

Enseñando a los Niños Acerca de la Salvación y el Fin del Tiempo

Shannon Scott

Ilustraciones por Ron Wheeler

Copyright © 2015 Shannon Scott
Copyright © 2015 TEACH Services, Inc.
ISBN-13: 978-1-4796-0463-0 (Paperback)
ISBN-13: 978-1-4796-0464-7 (iBooks)
ISBN-13: 978-1-4796-0465-4 (Kindle Fire)
Library of Congress Control No: 2015907277

TEACH Services, Inc.
PUBLISHING
www.TEACHServices.com ● (800) 367-1844

Jesús creó a Adán y Eva en el sexto día, y entonces celebró el sábado con ellos en el séptimo día. Era un día muy especial de adoración y descanso, no como los otros seis días de trabajo. Imaginamos que ellos pasaron todo aquel día juntos, cantando, hablando, comiendo, y andando en el hermoso Jardín del Edén.

Justo como Jesús creó a Adán y Eva, El te hizo a ti también, y quiere pasar el sábado contigo de manera igual.

Aunque no podemos andar en el jardín con Jesús en persona, podemos pasar tiempo con El por medio de:

Ir a la iglesia,
Cantar canciones acerca de su amor,
Leer historias de la Biblia,
Ayudar a otros,
Y apreciar el hermoso mundo
que El creó.

El sábado fue el primer regalo que Dios nos dio, pero su regalo mejor de todos fue el de Su Hijo. Dios envió a Su Hijo a la tierra para salvarnos de nuestros pecados.

Cuando hacemos cosas malas, eso se llama "pecado." La Biblia nos dice que cuando pecamos, nos alejamos de Jesús. Para solucionar el problema del pecado, Jesús vivió una vida perfecta y después murió por nosotros.

Su muerte nos da la salvación. Lo único que tenemos que hacer es amar a Jesús y ser Su amigo. Cuando hacemos eso, queremos pedir perdón por nuestros pecados y obedecer Sus mandamientos.

Después de que Jesús se resucitó de los muertos, El pasó cuarenta días con sus amigos. Durante aquel tiempo les habló sobre el futuro. Les dijo que iba al cielo para construir hermosas casas y que iba a volver pronto. También les dijo que personas malas iban a hacerles cosas crueles y hacer reglamentos que irían contra la Palabra de Dios.

Jesús contó a Sus amigos acerca del cielo y el fin del mundo, porque quería que ellos, al igual que quiere que nosotros estemos preparados.

Jesús viene muy pronto para llevarnos al cielo. No sabemos la fecha exacta, pero la Biblia nos dice que va a acontecer muy pronto. Y ¡queremos estar listos!

Sabes, justo antes de que Jesús venga, muchas cosas van a acontecer.

La Biblia nos dice que algunas personas van a hacer una ley que manda que no podamos asistir a la iglesia los sábados.

Recuerden, el sábado es importante, porque en el cuarto mandamiento Dios nos pide que nos acordemos del sábado y le adoremos en Su día especial.

Cuando obedecemos Sus mandamientos y guardamos el sábado, mostramos a Jesús cuánto Le amamos, bien como mostramos a Mami y Papi que les amamos cuando les obedecemos.

Cuando se haga esa ley, será difícil comprar alimentos y otras cosas porque vamos a la iglesia los sábados, así que posiblemente tendremos que mudarnos al campo o ir a las montañas, donde podemos cultivar nuestros propios comestibles.

Podía ser un poco miedoso, pero no tenemos que preocuparnos, porque Jesús ha promedito ampararnos y estar siempre con nosotros.

Y aun si Mami y Papi no estuvieran con nosotros, podemos hablar con Jesús, ¡porque El nos ama aun más que ellos!

Puede ser que la gente trate de engañarlos para que desobedezcan a Jesús, pero es importante que debemos sigamos a Jesús no importa lo que pase.

Sus caminos son los mejores, y cuando seguimos la Palabra de Dios estaremos prontos a encontrarnos con Jesús cuando El venga otra vez.

¡Va a ser tan lindo cuando Jesús venga en una nube grande y blanca con hermosos ángeles, para llevarnos a vivir con El para siempre!

¡El cielo va a ser asombroso!

No seremos lastimados allá.
Los animales no nos van a morder.
Nada va a asustarnos.
Vamos a poder estar con nuestra familia.
¡Y todos estaremos felices!

Por supuesto, la parte mejor de todas será que estaremos con Jesús.
¡El anhela estar contigo!

Para a ver la selección completa
de títulos que publicamos visite:

www.TEACHServices.com

Escanear con dispositivo móvil
para ir directamente
a nuestro sitio web.

Por favor escriba o envíenos un correo electrónico con sus felicitaciones, reacciones,
o ideas acerca de este o cualquier otro libro que publicamos visite:

TEACH Services, Inc.
P U B L I S H I N G
www.TEACHServices.com ● (800) 367-1844

P.O. Box 954
Ringgold, GA 30736

info@TEACHServices.com

TEACH Services, Inc., los títulos se pueden comprar al por mayor para
educación, negocios, recaudación de fondos, venta o uso promocional.
Para más información, envíe un correo electrónico:

BulkSales@TEACHServices.com

Por último, si usted está interesado en ver su propio libro en forma impresa, por
favor póngase en contacto con nosotros via:

publishing@TEACHServices.com

Estaremos encantados de revisar su manuscrito de forma gratuita.